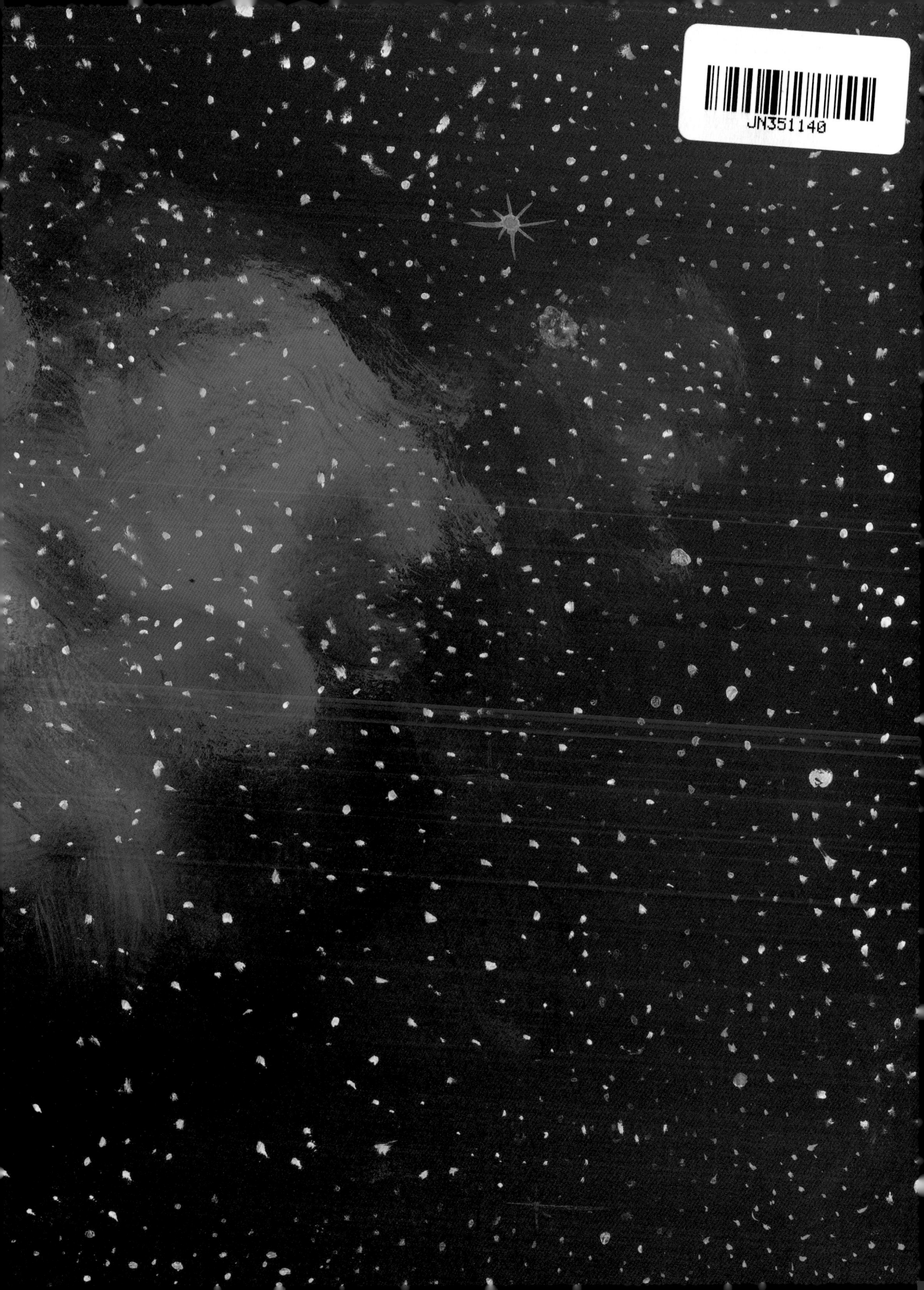

별을 보는 아이

천체 물리학자 닐 디그래스 타이슨의 우주 여행

캐슬린 크럴, 폴 브루어 글
프랭크 모리슨 그림 양진희 옮김

우주는 과학자들이 빅뱅이라고 부르는
대폭발과 함께 시작됐어요.
수백만 년의 어둠이 지난 뒤, 엄청난 밝기의
점들이 지글거리며 뭉쳐졌어요.
어떤 점은 너무 커져서 '쾅!' 하고 폭발하며
사방으로 우주 먼지를 내뿜었어요.
우주 먼지에는 여러 가지 모양과 무늬를 가진
행성들과 우주 전체를 만드는 데
필요한 물질들이 들어 있었어요.

뉴욕에 있는 헤이든 천문관의 하늘 극장은 약 138억 년 전으로
우리를 데려다 줘요. 둥근 천장에서는 빅뱅으로 생겨난 행성과 별자리들이
검은 잉크 같은 우주를 배경으로 반짝거렸어요.
아홉 살 닐 디그래스 타이슨은 그렇게 많은 별을 본 적이 없었어요.
브롱크스에 있는 닐의 아파트에서는 밤하늘의 별이 고작 열두 개 정도밖에
보이지 않았거든요. 그런데 닐의 머리 위로 진짜라고 하기엔 너무나 많은,
수백만 개의 별들이 빛나고 있었어요. 이것은 속임수일까요, 아니면 장난일까요?
믿기지 않았지만, 불이 켜졌을 때 닐의 머릿속에서 생각이 폭발하기 시작했어요.
닐은 그저 "우주가 나를 불렀어."라고만 말했어요.
그리고 이제 더 이상 이전의 닐이 아니었어요.

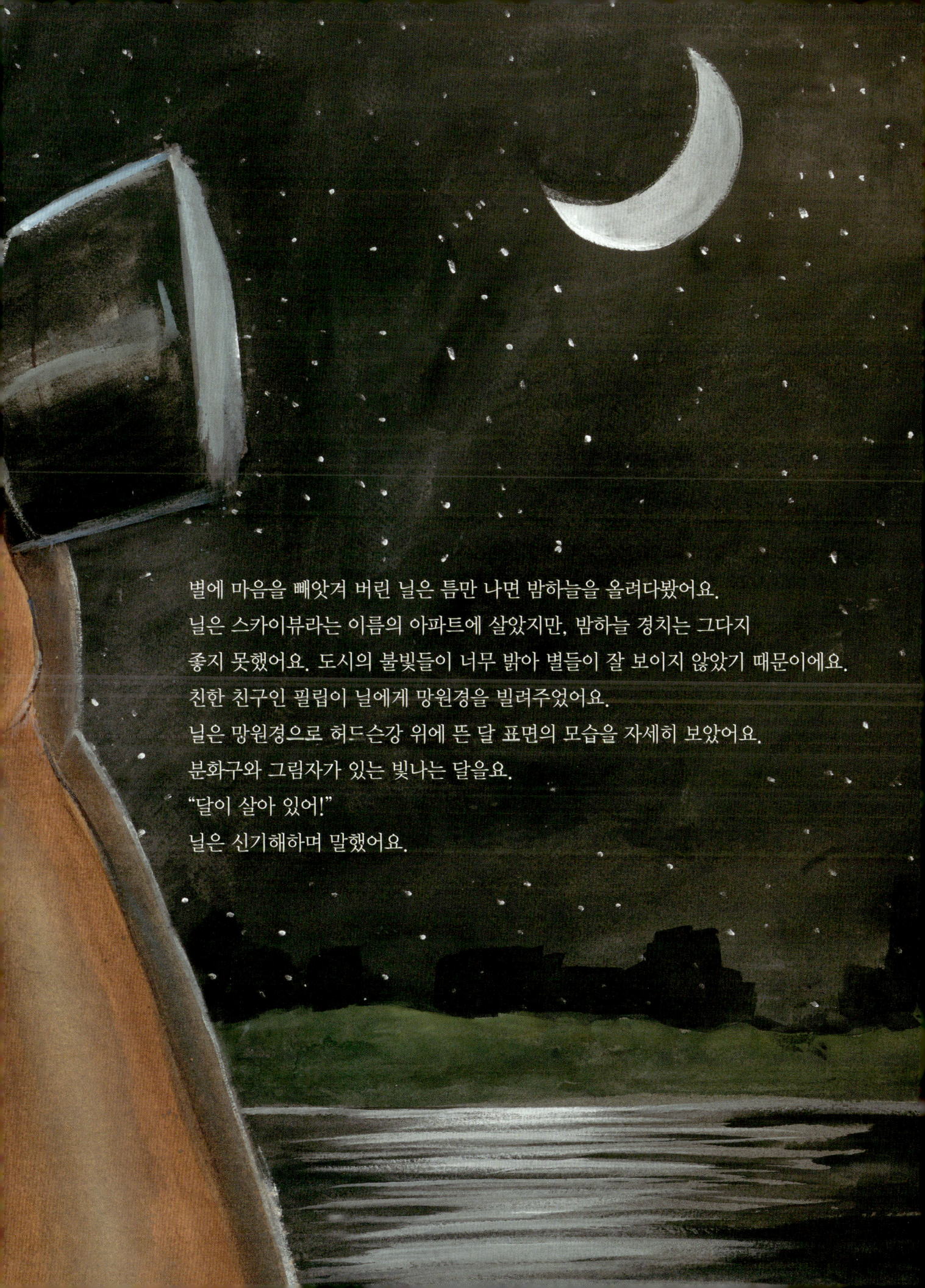

별에 마음을 빼앗겨 버린 닐은 틈만 나면 밤하늘을 올려다봤어요.
닐은 스카이뷰라는 이름의 아파트에 살았지만, 밤하늘 경치는 그다지
좋지 못했어요. 도시의 불빛들이 너무 밝아 별들이 잘 보이지 않았기 때문이에요.
친한 친구인 필립이 닐에게 망원경을 빌려주었어요.
닐은 망원경으로 허드슨강 위에 뜬 달 표면의 모습을 자세히 보았어요.
분화구와 그림자가 있는 빛나는 달을요.
"달이 살아 있어!"
닐은 신기해하며 말했어요.

도시의 불빛들에서 멀리 떨어진 시골로 가족 여행을 갔을 때, 닐은 더 많은 별을 볼 수 있었어요. 확실히 시골의 밤하늘은 헤이든 천문관에서 본 것과 똑같았어요. 정말이었어요! 놀라우리만큼 눈부신 밤하늘의 아름다움과 아직 풀리지 않은 신비가 닐의 마음을 사로잡았어요.
닐은 완전히 새로운 목표가 생겼어요. 야구 선수가 되겠다는 꿈은 버렸어요. 이제 닐의 꿈은 천체 물리학자가 되는 거예요. 우주를 연구하는 과학자 말이에요!

닐의 부모님은 과학자도 아니고 부자도 아니었지만, 있는 힘껏 아들을
뒷바라지했어요. 닐의 열두 번째 생일날, 부모님은 닐에게 천체 망원경을 선물했어요.
닐은 이 망원경으로 스카이뷰 아파트 20층 옥상에서
눈부시게 아름다운 밤하늘을 관찰했어요.
부모님은 또한 닐이 망원경으로 보고 있는 것에 대해 배울 수 있도록
서점에 있는 과학 책들을 모두 사 주었어요. 닐은 학교 친구들 가운데
책을 가장 많이 가진 아이가 되었어요.
별에 관한 닐의 지식이 폭발적으로 늘기 시작했어요.

닐은 배우면 배울수록 더 많이 알고 싶어졌어요. 그러려면 더 크고 성능 좋은 천체 망원경이 필요했어요. 하지만 그런 망원경은 부모님이 사 주기엔 값이 너무 비쌌어요.

닐은 스스로 문제를 해결했어요. 돈을 받고 이웃집 개들을 산책시켜 주기로 한 거예요. 이웃집 개들은 터피와 같은 귀여운 이름을 가진 응석받이 애완견들이었어요. 비 오는 날이면 비옷을 입히고 장화를 신기는 개들도 있었어요.

마침내 닐은 부모님의 도움을 받아 1.5미터짜리 천체 망원경을 살 수 있을 만큼 충분한 돈을 모았어요.

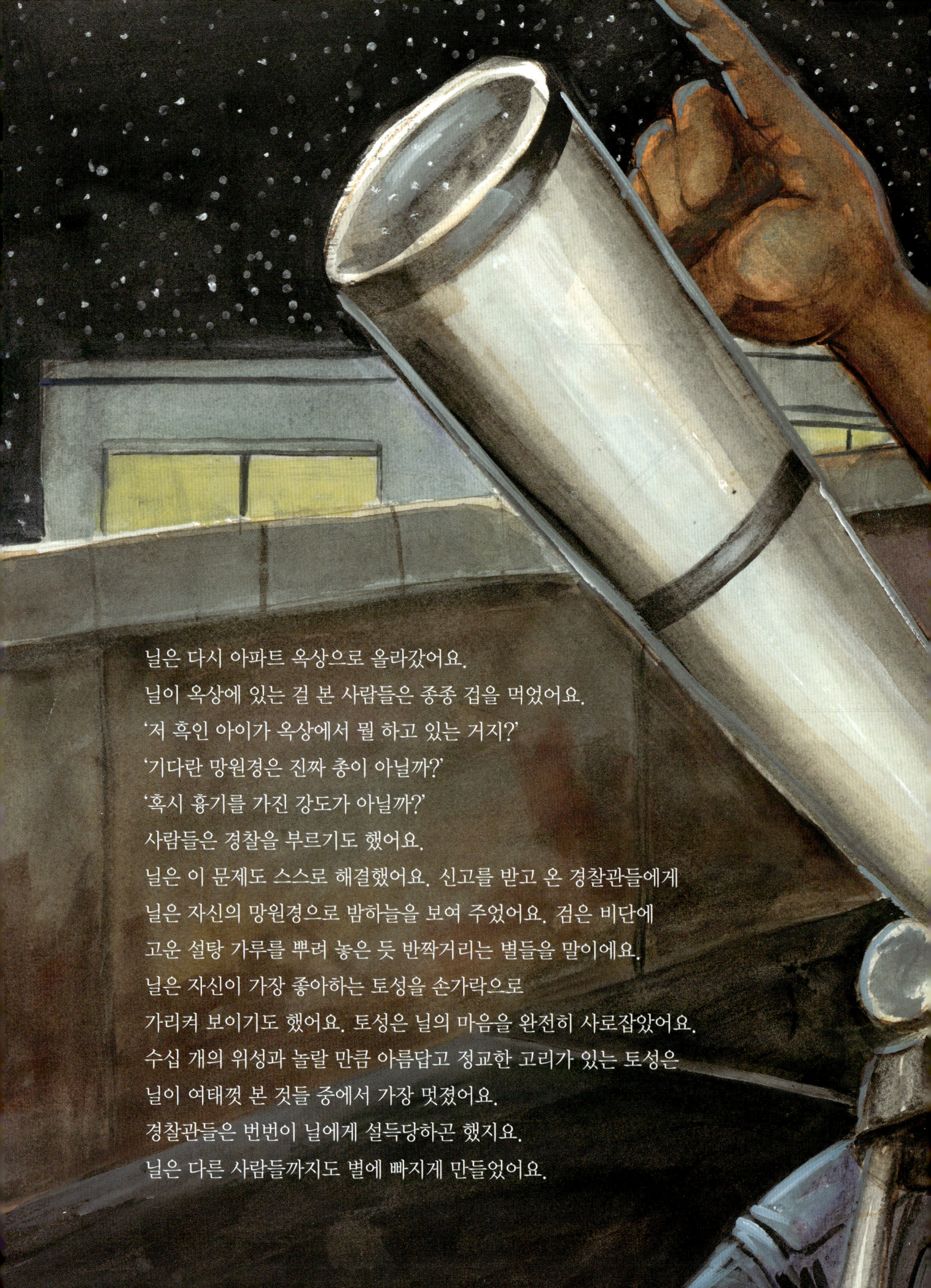

닐은 다시 아파트 옥상으로 올라갔어요.
닐이 옥상에 있는 걸 본 사람들은 종종 겁을 먹었어요.
'저 흑인 아이가 옥상에서 뭘 하고 있는 거지?'
'기다란 망원경은 진짜 총이 아닐까?'
'혹시 흉기를 가진 강도가 아닐까?'
사람들은 경찰을 부르기도 했어요.
닐은 이 문제도 스스로 해결했어요. 신고를 받고 온 경찰관들에게
닐은 자신의 망원경으로 밤하늘을 보여 주었어요. 검은 비단에
고운 설탕 가루를 뿌려 놓은 듯 반짝거리는 별들을 말이에요.
닐은 자신이 가장 좋아하는 토성을 손가락으로
가리켜 보이기도 했어요. 토성은 닐의 마음을 완전히 사로잡았어요.
수십 개의 위성과 놀랄 만큼 아름답고 정교한 고리가 있는 토성은
닐이 여태껏 본 것들 중에서 가장 멋졌어요.
경찰관들은 번번이 닐에게 설득당하곤 했지요.
닐은 다른 사람들까지도 별에 빠지게 만들었어요.

닐은 학교에서 공부하는 걸 좋아했어요. 하지만 모든 선생님이 닐을 좋아하지는 않았어요.
어떤 선생님은 닐의 엄마에게 "아드님이 너무 크게 웃더군요."라고 말했어요.
선생님들은 닐의 성적표에 '수업에 집중하기보다 친구들과 이야기하는 데
더 많은 시간을 보냄.'이라고 나무라듯 적었어요.
하지만 6학년 담임 선생님은 닐에게서 남다른 점을 발견했어요. 닐이 낸 독후감들이
모두 천문학과 관련이 있었거든요. 담임 선생님은 닐에게 헤이든 천문관에서 열리는
'청소년을 위한 고급 천문학' 강좌에 대해 이야기해 주었어요.

닐은 혼자서 지하철을 타고 헤이든 천문관에서 하는 강의를 들으러 다녔어요. 수강생들 가운데 닐이 가장 어릴 때도 많았고, 내용을 이해할 수 없는 강의도 있었어요. 하지만 닐은 포기하지 않고 더욱더 많은 것을 배우려고 노력했어요.

우주에 대해 알고자 하는 닐의 탐구심은 천문관에서 닐을 내일이 기대되는
어린 스타로 만들어 주었어요. 닐에게 감동한 교육 담당자는 북서 아프리카 해안으로
떠나는 믿을 수 없을 정도로 굉장한 탐사 여행에 닐을 초대했어요.
커다란 여객선은 개기 일식 현상을 관찰하기 위해 떠다니는 실험실로 바뀌었어요.
유명한 우주 비행사들과 공상 과학 소설가들을 비롯한
2천 명의 과학자들과 관찰자들이 2주간의 탐사 여행을 하고 있었거든요.

아끼는 천체 망원경을 꼭 끌어안은 열네 살 닐은 배 안에서 가장 어린 과학자였어요. 전문 과학자들과 함께 일식 현상을 관찰하고 연구하면서, 닐은 자신이 과학계의 슈퍼 영웅처럼 느껴졌어요. 관찰을 마치고 집으로 돌아오는 길에, 닐은 댄스 경연 대회에서 우승하고, 토성에 대한 풍부한 지식 덕분에 상식 퀴즈 대회에서도 우승하며 첫 탐사 여행을 멋지게 마쳤어요.

어려운 시험에 합격하여 닐은 브롱크스 과학 고등학교에 들어갔어요.
닐은 과학 경진 대회에서 상을 받고, 『사이언티픽 아메리칸』이라는
수준 높은 과학 잡지를 보는 '머리 좋은 괴짜'였어요. 실험실에서는 실험을
망치지 않으려고 노력했고, 물리학 수업에서는 우주에 대해 알아 갔어요.
닐이 오로지 과학에만 관심을 보인 것은 아니었어요. 닐은 발레에서부터
사교 댄스에 이르기까지 춤 실력이 뛰어났고, 레슬링부의 주장이었어요.
심지어 레슬링 시합에서 이기기 위해 물리학 지식을 활용하기도 했어요.

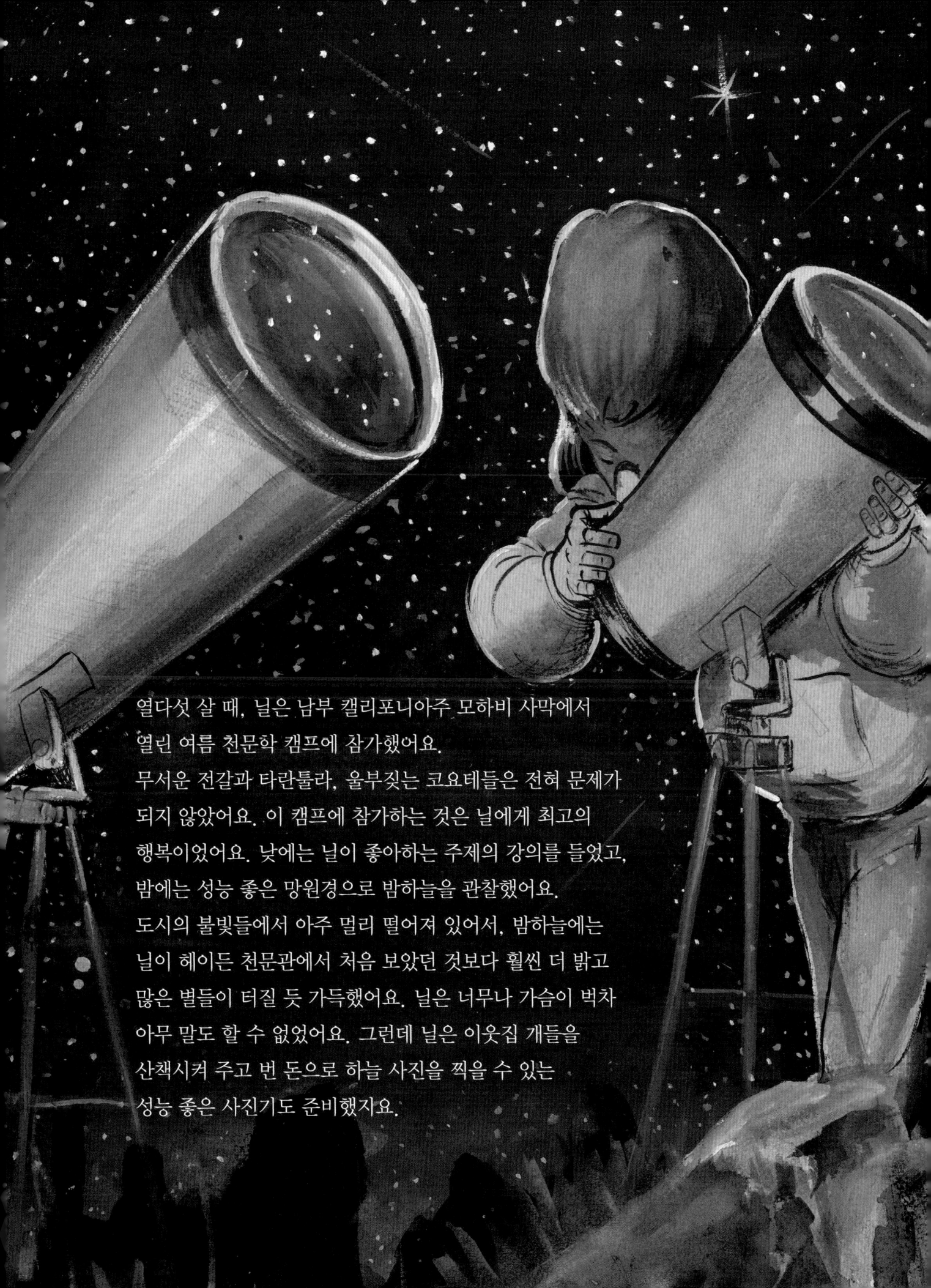

열다섯 살 때, 닐은 남부 캘리포니아주 모하비 사막에서
열린 여름 천문학 캠프에 참가했어요.
무서운 전갈과 타란툴라, 울부짖는 코요테들은 전혀 문제가
되지 않았어요. 이 캠프에 참가하는 것은 닐에게 최고의
행복이었어요. 낮에는 닐이 좋아하는 주제의 강의를 들었고,
밤에는 성능 좋은 망원경으로 밤하늘을 관찰했어요.
도시의 불빛들에서 아주 멀리 떨어져 있어서, 밤하늘에는
닐이 헤이든 천문관에서 처음 보았던 것보다 훨씬 더 밝고
많은 별들이 터질 듯 가득했어요. 닐은 너무나 가슴이 벅차
아무 말도 할 수 없었어요. 그런데 닐은 이웃집 개들을
산책시켜 주고 번 돈으로 하늘 사진을 찍을 수 있는
성능 좋은 사진기도 준비했지요.

닐은 이 사진기로 은하수, 별자리, 달, 행성 들을 찍어 왔어요. 그리고 뉴욕 시립 대학교에서 열린 첫 번째 강연에서 50명의 어른들에게 자신이 찍은 사진들을 보여 주었어요.
닐은 긴장했을까요? 아니요, 과학에 대해 말하는 것은
닐에게는 숨쉬는 것과 같았거든요.
사람들은 폭발할 것 같은 닐의 열정에 빠져들었어요.
닐의 단 하나의 목표는 천체 물리학과 관련된
직업을 갖는 것이었어요. 많은 사람들이
닐의 실력을 알아보고 꿈을 향해 나아가도록
힘껏 도와주었어요.

그런데 닐을 못마땅하게 여기는 사람들도 있었어요. 닐은 인종 차별을 겪을 때도 있었어요. 심지어 닐이 장차 과학자가 되기보다 운동선수나 흑인 사회의 지도자가 되는 것이 더 나을 거라고 생각하는 친구들도 있었어요.
하지만 닐의 가슴속에는 우주를 향한 열정이 불타오르고 있었어요. 닐은 이 열정을 로켓 연료 탱크라고 생각했어요. 망원경으로 맨 처음 토성을 관찰했을 때처럼 모든 새로운 발견들은 이 연료 탱크에 엄청난 양의 연료를 쏟아부어 주었어요.

닐이 대학을 선택하기 시작할 무렵, 닐의 이름은 과학계에 많이 알려져 있었어요.
그 당시 가장 유명한 천문학자였던 칼 세이건 교수는
닐이 자신의 학교에 입학하도록 설득하고 싶었어요.
함박눈이 내리던 2월의 어느 오후, 닐은 버스를 타고 뉴욕주 이타카에 있는
코넬 대학교로 칼 세이건 교수를 찾아갔어요. 실험실을 둘러보는 동안,
닐은 칼 세이건 교수와 과학에 대해 쉬지 않고 이야기를 나누었어요.
칼 세이건 교수는 펑펑 쏟아지는 함박눈을 맞으며 고등학교 졸업반인 닐을
버스 정류장까지 데려다 주었어요. 그러고는 눈이 너무 많이 와서
버스가 끊겼을 때를 대비해서, 닐에게 자기 집 전화번호를 알려 주었어요.
닐은 감동을 받았어요. 하지만 하버드 대학교에 관한 좋은 이야기들도
많이 들었기 때문에 닐은 하버드 대학교에 가기로 결정했어요.

대학교에 다니면서 닐은 레슬링, 춤, 운동장에 있는 관중석 계단 오르내리기를 하며
근육을 키웠어요. 물리학을 열심히 배우고, 방정식을 완벽하게 익히고,
실험을 하며 두뇌를 단련했어요. 그리고 닐은 글을 쓰고, 학생들을 가르치고,
가정교사를 해서 돈을 벌어 지갑을 두둑하게 채웠어요.

11년을 더 학교에 다니고 나서, 닐은 천체 물리학 분야에서 받을 수 있는 최고 학위를 받았어요. 닐은 말 그대로 100만 명 중에서 한 명 나올까 말까 한 스타였지요.

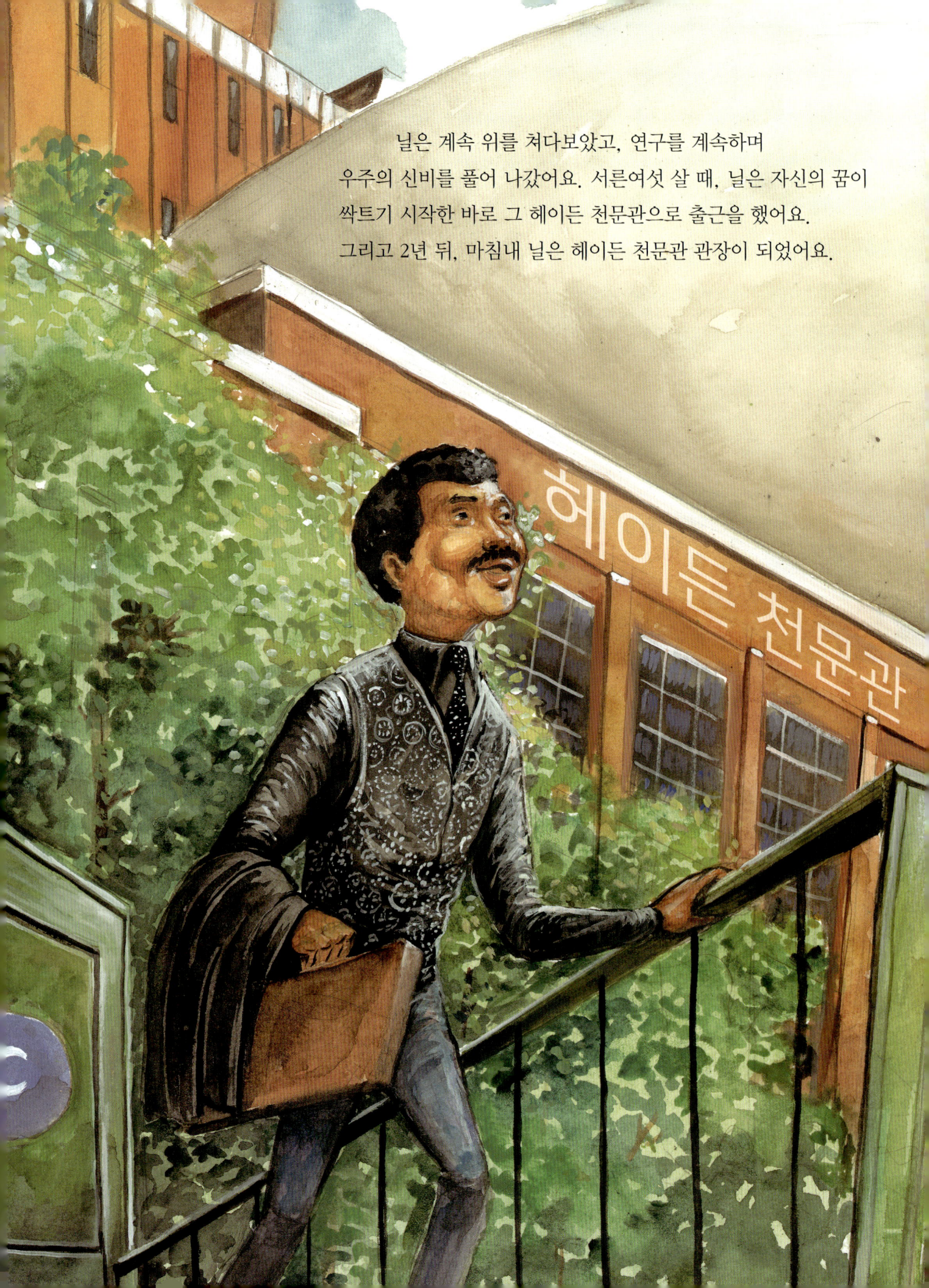

닐은 계속 위를 쳐다보았고, 연구를 계속하며 우주의 신비를 풀어 나갔어요. 서른여섯 살 때, 닐은 자신의 꿈이 싹트기 시작한 바로 그 헤이든 천문관으로 출근을 했어요. 그리고 2년 뒤, 마침내 닐은 헤이든 천문관 관장이 되었어요.

어느 날, 닐은 한 텔레비전 방송국에서 전문가로 출연해 달라는 부탁을 받았어요.
닐은 그날의 뉴스인 태양 표면의 폭발에 대해 설명할 수 있게 되어 기뻤어요.
나중에 닐은 "나는 지금껏 텔레비전에서 흑인인 것과 아무 상관없는 전문 지식을 얻기 위해
흑인과 인터뷰하는 것을 본 적이 없습니다."라고 말하며 무척 놀라워했어요.
닐은 사람들 앞에서 폭발할 듯한 열정을 쏟아 내는 일이 바로 자신이 해야 할 일이라고
생각했어요. 닐은 우주에 대해 느낀 경외감과 감탄을 다른 사람들에게
전해 주고 싶었어요. 우주의 신비에 대해 알고 싶어 하지 않는 사람은 없을 테니까요.
닐은 연구를 통해 새로운 사실들을 점점 더 많이 알게 되자, 너무 들뜬 나머지
길 가는 사람들을 붙잡고 "이거 들어 본 적 있어요?" 하고 말을 걸고 싶어졌어요.

헤이든 천문관에 전시된 행성들의 표시를 새로 바꿀 때였어요.
닐은 다른 과학자들과 함께 최근에 발견된 것들을 살펴보았어요.
그리고 2000년에 그들은 놀라운 결정을 내렸어요. 가장 작은 행성인 명왕성을
더 이상 태양계의 행성에 포함시킬 수 없다는 것이었어요.
과학자들은 명왕성이 다른 행성들에 비해 크기가 너무 작고,
얼음으로 뒤덮인 물체들과 더 공통점이 많다고 결론지었어요.

닐은 명왕성을 사랑하는 세계 여러 나라 사람들로부터 항의 편지를 받았어요. 하지만 닐은 새로운 사실이 밝혀지면 과학도 바뀔 수 있다는 것을 보여 주었어요. 6년 뒤, 국제 천문 연맹은 닐의 의견을 받아들여 명왕성을 왜소 행성으로 분류했어요.

닐 디그래스 타이슨만큼 과학에 대해 재미있게 이야기하는 사람은
아무도 없을 거예요. 흥미로운 사실들이 연달아 폭발하듯 쏟아져 나오거든요.
닐은 손을 흔들고, 손가락으로 딱딱 소리를 내기도 해요.
사람들은 웃음을 터뜨리고, 때때로 함성을 지르기도 하지요.
방정식은 "대단히 멋져요." 우주는 "아주 재미있어요." 어떤 방정식은 닐을
안개처럼 "흐릿하게" 만들어요. 토성의 모습은 "입이 떡 벌어지게" 만들지요.
그리고 닐은 "우아!" 같은 감탄사를 많이 사용해요.
닐은 우주에 있는 암흑 물질의 신비에서부터 영화 속 좀비 이야기에 이르기까지
어떤 과학적인 것에 대해서도 확고한 생각을 갖고 있어요.
"나는 날마다 우주에 대해 다양한 생각을 합니다."라고 닐은 말해요.
닐은 100개도 넘는 별 무늬 넥타이들 가운데 하나를 매고,
사람들 앞에서 과학에 대해 재미있게 이야기하는 것이 너무나 즐거워요.
닐은 또한 신문이나 잡지에 글을 쓰고, 책을 내고, 트위터를 하고,
텔레비전 방송을 진행하는 일에도 힘을 쏟고 있어요.

과학계에서 중요한 인물이 된 뒤에도, 닐은 어린 시절 별들이 가득한
둥근 천장 아래에서 마음을 온통 빼앗겼던 기억을 잊지 않았어요.
닐은 가끔씩 도시에서 멀리 떨어진 외진 곳에서 별을 보면 생각해요.
헤이든 천문관이랑 똑같이 보인다고요!
그리고 밖으로 나갈 때면 닐은 여전히 위를 쳐다봐요.
"나는 앞으로도 계속 위를 쳐다볼 거예요. 삶에서도, 우주에서도
위를 쳐다보는 것은 언제나 가장 멋진 일이니까요."

닐 디그래스 타이슨에 대하여

닐 디그래스 타이슨은 1958년 뉴욕 맨해튼에서 태어났습니다. 푸에르토리코 출신인 닐의 어머니는 세 아이를 키운 뒤, 노인학 석사 학위를 받아 보건복지부에서 일했습니다. 흑인인 닐의 아버지는 뉴욕시에서 일하는 사회학자로, 민권 운동가로도 활동했습니다. 닐의 중간 이름인 '디그래스'는 독립전쟁에서 미국을 위해 싸우다 카리브해에서 감옥살이를 한 프랑스 제독의 이름에서 따왔습니다. 카리브해의 섬에서 자란 할머니는 닐의 가족들과 함께 살면서 끊임없이 교육의 중요성을 강조했습니다.

닐 디그래스 타이슨은 열일곱 살 때까지 주로 브롱크스에서 살았습니다. 닐은 명문인 브롱크스 과학 고등학교를 졸업한 뒤 하버드 대학교에서 물리학 학사 학위를, 텍사스 대학교에서 천문학 석사 학위를, 컬럼비아 대학교에서 천체 물리학 박사 학위를 받았습니다. 그 뒤, 19개의 대학교에서 명예 박사 학위를 받았습니다. 1994년 닐 디그래스 타이슨은 미국 자연사 박물관 부설 헤이든 천문관에 과학자 직원으로 들어갔고, 1996년 최연소 나이로 관장이 되었습니다. 그곳에서 우주에 대한 연구를 계속하면서 훌륭한 강연자로 이름이 널리 알려졌습니다.

많은 업적들 가운데 특히 닐 디그래스 타이슨은 미국 항공 우주 산업과 탐사 계획을 수립하는 대통령 직속 위원회에서 두 차례 일했습니다. 또 2014년 자신의 우상이었던 칼 세이건 교수의 전설적인 다큐멘터리 「코스모스」의 후속작에 해설자로 출연했으며, 최초의 과학 토크 쇼 「스타 토크」를 진행하고 있습니다.

닐 디그래스 타이슨은 현재 가족과 함께 맨해튼에서 살면서 수백만 명의 팔로워들과 트위터로 소통하고 있습니다. 언제나 별 무늬 넥타이와 조끼를 입고 다니는데, 이런 옷차림은 닐에게 우주를 입은 것 같은 느낌을 준다고 합니다. 그리고 닐은 중학생 때 만들었던 토성 모양의 스탠드를 아직도 사용하고 있습니다.

캐슬린 크럴 글

어린이책 작가로 위인 그림책을 많이 펴냈습니다. 2009년 스쿨라이브러리 저널 '올해 최고의 책'으로 선정된
『TV를 발명한 소년』을 비롯해 『방귀대장 조』, 『아이작 뉴턴』, 『지그문트 프로이트』 등을 지었습니다.

폴 브루어 글

아내인 캐슬린 크럴과 함께 여러 권의 어린이책을 썼으며, 『농담하는 거지?』를 쓰고 그렸습니다.
이들은 현재 캘리포니아주 샌디에이고에서 살고 있습니다.

프랭크 모리슨 그림

코레타 스콧 킹 일러스트레이터 아너 상을 받은 『작은 멜바와 멜바의 큰 트롬본』을 비롯해,
20여 권의 어린이책에 그림을 그렸습니다. 현재 애틀랜타에서 살고 있습니다.

양진희 옮김

연세대학교 불어불문학과를 졸업하고, 프랑스 파리4대학에서 불어학 박사 과정을 수료했습니다.
옮긴 책으로 『새똥과 전쟁』, 『에펠탑은 왜 만들었어요?』, 『자유가 뭐예요?』, 『내 마음이 자라는 생각 사전』,
『나는 반대합니다』, 『여섯 개의 점』, 『색이 가득한 주머니』 등이 있습니다.

별을 보는 아이
천체 물리학자 닐 디그래스 타이슨의 우주 여행

초판 1쇄 발행 | 2019년 10월 10일 **초판 3쇄 발행** | 2023년 9월 20일
지은이 | 캐슬린 크럴, 폴 브루어 **그린이** | 프랭크 모리슨 **옮긴이** | 양진희
펴낸이 | 양진오 **펴낸곳** | 함께자람 **등록일** | 1962년 6월 26일 제18-7호
주소 | 서울특별시 금천구 가산디지털1로 42(공장) 서울특별시 마포구 마포대로 14길 4(사무소)
전화 | 편집부 (02)707-5350 · 영업부 (02)707-5147 **팩스** | (02)864-3723
홈페이지 | www.kyohak.co.kr **편집** | 김인애, 김길선

STARSTRUCK : The Cosmic Journey of Neil deGrasse Tyson
by Kathleen Krull, Paul Brewer, illustrated by Frank Morrison
Text copyright © 2018 by Kathleen Krull and Paul Brewer
Jacket art and interior illustrations copyright © 2018 by Frank Morrison
All rights reserved.
This Korean edition was published by Kyohak Publishing Co., Ltd. in 2019 by arrangement with
Random House Children's Books, a division of Penguin Random House LLC
through KCC(Korea Copyright Center Inc.), Seoul.

이 책은 (주)한국저작권센터(KCC)를 통한 저작권자와의 독점계약으로 함께자람에서 출간되었습니다.
저작권법에 의해 한국 내에서 보호를 받는 저작물이므로 무단 전재와 무단 복제를 금합니다.

ISBN 978-89-09-54151-0   74800

이 도서의 국립중앙도서관 출판예정도서목록(CIP)은 서지정보유통지원시스템 홈페이지(http://seoji.nl.go.kr)와
국가자료종합목록 구축시스템(http://kolis-net.nl.go.kr)에서 이용하실 수 있습니다. (CIP제어번호 : CIP2019033763)

함께자람은 (주)교학사의 유아·어린이책 브랜드입니다.

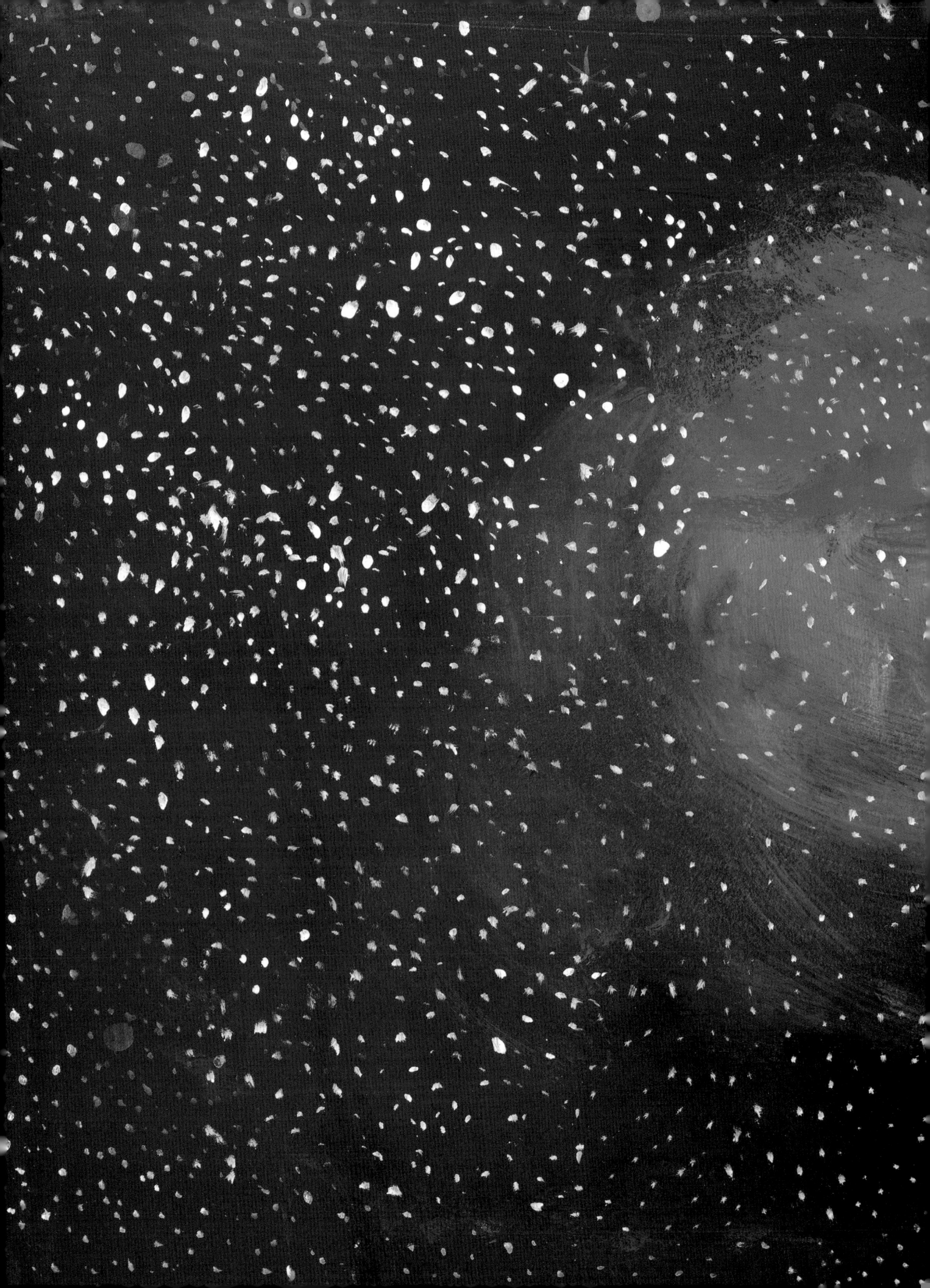